BIENVENIDOS A NUESTRA FAMILIA

EL AMOR Y LA LUCHA, EL EJE DE LA NUESTRA

Ane Aranceta

Primera edición: abril, 2024

Título original: Bienvenidos a nuestra familia. El amor y la lucha, el eje de la nuestra.
Autor: Ane Aranceta
ISBN: 978-84-128217-4-1
Edición: Andrés Cárdenas

Rapitbook Editorial
www.rapitbook.com

Impresión y encuadernación: Impresrapit
www.impresrapit.com

Impreso en España - *Printed in Spain*

A mi padre, a mi madre
y a mí misma.

ÍNDICE

ENTRADA

Cada familia tiene su historia, bienvenidos a la nuestra.

Todo empezó con la necesidad que sentí de dejar huella y de rendir un homenaje a dos personas muy especiales para mí, mi padre y mi madre.

No sé si seré capaz de llevarlo a cabo; pero, si algo he aprendido en estos últimos tiempos en mi vida, es que si no lo intentas no lo consigues, por eso estoy aquí, en la cocina de mi casa, preparada para intentarlo.

Este libro estará lleno de muchos colores, como ha estado nuestra vida, esa es mi intención, por ello, bienvenidos a nuestra familia.

MI PADRE

Mi padre se llamaba Carlos y nació el 9 de agosto de 1951 en Ubera, un barrio de Bergara, en la provincia de Guipúzcoa. Era el mayor de cuatro hermanos. Su padre se llamaba Secundino y su madre María Cristina.

De niño era aficionado a la pelota vasca y jugó varias veces con un compañero que de mayor consiguió triunfar en este deporte, José María Ceceaga. Jugaban en el frontón del pueblo. A los seis años nació su hermano Pablo y cuatro años después los cuatro se mudaron a Eibar, otro municipio de Guipúzcoa. Allí nacieron sus otros dos hermanos, Ángel y Jaime. Estudió Electricidad y enseguida empezó a trabajar en un concesionario.

Era un apasionado del fútbol y empezó a arbitrar. Llegó a pitar en regional y fue compañero de un colegiado llamado Miguel Ángel Pérez Lasa, que más tarde sería árbitro de primera división.

MI MADRE

Mi madre se llamaba Marian, nació el 21 de marzo de 1953 en Zubietxe, Andoain, en la provincia de Gipuzkoa. Era la segunda de tres hermanos: Joxepa, la mayor, y Koldo, el pequeño. Su padre se llamaba Martín y su madre Pantxika. Martín era el hijo mayor del caserío Ondarreta, caserío ubicado en el centro del pueblo y ahora convertido en un colegio que lleva su nombre. Todas las personas del pueblo conocían bien el caserío, era muy popular, de ahí que a menudo la familia fuera conocida como «los Ondarretas».

Mi madre de niña era muy guapa y risueña. En su juventud, trabajó en una tienda de Tolosa durante unos años, después estudió para administrativa y empezó a trabajar en una importante empresa de la época en Hernani, Orbegozo.

ELLOS

En 1975 mi padre y mi madre se conocieron en la discoteca Euromar de Zarautz, ella siempre nos contaba que allí se enamoró de aquel hombre de casi dos metros, rubio y con ojos azules, y él de aquella mujer alta, risueña y guapa.

Siempre nos hablaban de ese lugar y lo bien que lo pasaban. En ocasiones quedaban a mitad de camino y las otras veces, como mi padre tenía coche, se acercaba a Andoain a verla. Desde Eibar a Andoain hoy en día hay 58 km por autopista, pero en aquel entonces el camino era más largo, pues transcurría por una carretera secundaria, por lo que se veían cuando podían.

En 1977 a mi padre se le acabó el contrato laboral que tenía en Éibar. Mi madre, gracias a un contacto, le consiguió un trabajo cerca de Andoain y él decidió mudarse con ella allí. Estuvieron un tiempo viviendo en casa de mis abuelos maternos hasta que compraron su piso en la calle Extremadura de Andoain, donde hoy vivo con mi hijo Malick, de ocho años.

Se casaron en 1978 y siempre recordaban la fecha de su boda con mucho cariño. Esperaron unos años hasta tener hijos, años que disfrutaron un montón juntos, siempre nos lo contaban.

MI HERMANO Y YO

Me llamo Ane, nací el 14 de abril de 1982 en Andoain, Guipúzcoa. Como mi padre siempre me decía: «Naciste el Día de la República». Debí de ser una hija muy deseada, siempre me lo dijeron, y más importante todavía, me lo demostraron y así lo sentí.

Mi madre tuvo un embarazo complicado, ya que se pasó casi nueve meses vomitando. Siempre me contaba lo mucho que sufrió. El parto fue igual de difícil, además de parir a una niña de cuatro kilos 200 gramos sin anestesia. Entre el embarazo y el parto, mi madre estaba agotada. Quiso darme leche materna y eso tampoco fue fácil para ella, ya que estaba todo el rato pidiendo la teta y ella no descansaba, añadido a que yo no dormía casi nada. Sufrieron mucho los primeros años conmigo. Muchas veces iban a trabajar agotados y casi sin dormir. Recuerdo que mi madre a menudo me contaba que solía echarse unas gotas en los ojos para poder ir a trabajar porque se le cerraban del cansancio.

Cuando era niña, veía la vida de muchos colores, es más, mis padres siempre me vestían con ropas muy coloridas. Solíamos disfrutar muchísimo en familia, los fines de semana salíamos a menudo a comer, cenar y compartir momentos con los amigos y amigas. Era una niña feliz y muy amigable.

Cuando tenía seis años, nació mi hermano, Xabier, el 27 de junio de 1988 en Andoain. Mi madre tuvo un embarazo maravilloso y un parto buenísimo donde dio a luz a un niño de cuatro kilos y medio, en esta ocasión con anestesia. Decidió no darle leche materna y se crio a biberón. Siempre nos comentaba que fue más fácil para ella. Era un bebé tranquilo que dormía toda la noche y comía bien.

No recuerdo mucho su llegada, pero ellos siempre me contaban que cuidaba mucho de él.

Cuando era niño, le apasionaba el fútbol y comer helados. Se podía comer cuatro o cinco en un día y se conocía desde bien pequeño todos los jugadores de la liga.

NUESTRA PRIMERA FAMILIA

Mi madre tenía veintinueve años y mi padre treinta y uno cuando yo nací. Mi madre, como ya os he contado, era administrativa en una empresa de mucho prestigio en aquel entonces. Mi padre era comercial en un taller automovilístico. Durante el día trabajaba mucho y llegaba a la hora de la cena a casa. Mi madre hacía turno de mañana, por lo que las tardes las pasaba con ella. Por las noches me dormía siempre junto a mi padre. Él se tumbaba en una cama al lado mío hasta que yo me dormía. Habían intentado que me durmiera sola, pero no lo conseguían; hasta que él no se tumbaba conmigo, no me dormía. Los fines de semana salíamos los tres con sus amigos a comer y cenar por ahí, nos gustaba mucho pasar tiempo en familia y con amigos. A los seis años nació mi hermano y mi madre dejó de trabajar.

Fuimos inmensamente felices hasta que, a mis seis años y a los seis meses de mi hermano Xabier, la fatalidad golpeó a nuestra querida familia por primera vez, no sería la última. A mi padre, todo un deportista, le dio un infarto a sus treinta y siete años. Nuestra madre tenía treinta y cinco. Yo lo supe ese mismo día, pues mi madre, acompañada de mi abuela, se acercó a mi cama y me dijo:

—Ane, hoy vas a tener que dormir sola, ya que tu aita (padre) está en el hospital.

Esa noche, a pesar de mi corta edad, debí entender el mensaje, porque mi madre siempre me explicaba que después de esa noche dormí sola y sin rechistar. Yo no recuerdo aquella noche, pero sí el momento en que me lo contaron. Con los años he entendido que aquella tarde-noche, cuando me dieron la noticia, me quedé en shock.

A mi padre aquel día le había dado un infarto, era joven, deportista y una maravillosa persona, con un corazón que no le cabía en el pecho. Acababa de cambiar de trabajo y llevaba poco tiempo en una nueva empresa llamada Anzizar, en Beasain, creo que todavía estaba en periodo de prueba cuando enfermó. Salió de aquello porque era un luchador, pero tuvo que ser operado a corazón abierto. Fue una etapa muy dura para todos en casa. La intervención fue muy complicada y el posoperatorio no fue nada fácil. El jefe de la empresa donde trabajaba, Joxe, se acercó al hospital y le llevó el contrato de continuidad en la empresa, ya que quería que una vez recuperado volviera con ellos. Le comentó que no tuviera prisa y que se tomara el tiempo que necesitara, que cuando ese momento llegara, lo recibirían con los brazos abiertos. Así lo dijo y así fue. Joxe lo conocía y sabía que era un buen trabajador, y sobre todo buena persona.

Qué detalle tan grande por su parte. Ese gesto marcó mucho nuestra relación con la empresa y, sobre todo, con ellos.

Mi madre, además de cuidar de él, tenía que hacerse cargo de nosotros, que éramos pequeños. Recuerdo que, un día en el salón de casa, él estaba sentado en una butaca y conté una a una todas las grapas que tenía en el tórax y la pierna. Eran ciento cincuenta y dos en total. Tuvo que estar en casa en reposo durante varios días. Después empezamos a salir a la calle y no olvidaré jamás la vez que le entró la tos y tuvo que agarrarse a un árbol. Se puso blanco. Le costó darle la vuelta a aquel momento. Su esternón había sido seccionado en la cirugía y todavía estaba sin soldar.

Estuvo muchos meses de baja. Hubo momentos complicados, pero, a su vez, estuvieron llenos de amor, ya que él fue muy generoso con nosotros. Intentaba mostrarnos su mejor versión, aunque estuviera siendo difícil para él. Respecto a mi hermano, cuando pasó lo de mi padre, era muy pequeño y no era consciente de lo que se vivía en casa. Mi madre también se ocupó de que así fuera. Ella fue un ejemplo de ayuda, de apoyo y de lucha, ya que consiguió sacarnos a todos adelante. Juntos conseguimos crear un ambiente familiar de mucho amor y ayuda.

Tenía un fuerte vínculo con él, lo adoraba, ya que era una persona con un carácter tranquilo y muy amoroso. Recuerdo que, a menudo, cuando se sentaba o tumbaba al lado mío sentía paz, mucha paz, aun en los momentos malos sacaba una sonrisa y yo seguía sintiéndome en paz. Adoraba sentarme a su lado y simplemente estar con él, sentirlo. Me dolía muchísimo verlo sufrir, porque yo sé que él sufrió mucho. Siempre me quiso de una manera sana y siempre confió en mí, como el que más.

Fui entrando en la juventud y, en ella, mi abanico de colores se transformó en negro o blanco, con un carácter fuerte, a veces exagerado, seguramente debido a lo duro que estaba siendo para mí ver a mi padre en esas circunstancias. Recuerdo que, mientras mis amigas hablaban de chicos, yo hablaba de él.

Como no, decidí estudiar Enfermería, hoy sé que fue para poder cuidar de él. Para él fue un orgullo que su hija fuera enfermera. Recuerdo que, en segundo de carrera, iba en el autobús camino de casa cuando mi mente me mandó el mensaje de que mi padre seguramente moriría pronto debido a su delicado estado de salud. Casi me muero al pensar en esa posibilidad. A su afección cardíaca, se añadieron problemas renales: a sus cuarenta y nueve años le diagnosticaron una insuficiencia renal crónica y empezó con hemodiálisis. En aquella época él todavía trabajaba y se encontraba bien. La vida volvía a golpear a nuestra familia. Recibí la noticia estando de prácticas en una planta de Traumatología del hospital Donostia. Mis padres se acercaron a verme después de la consulta con el nefrólogo para darme la mala noticia. Nos quedamos en shock los tres, pero enseguida nos miramos y nos dijimos que íbamos a poder con eso. Yo tenía diecinueve años, pero sabía que iba a estar ahí para él. Ese día mi padre casi ni habló, tenía que digerirlo, mi madre se hartó a llorar, lo sé, pero nunca lo vimos. Yo también lloré mucho, pero a mí tampoco me vieron. Hace veintidós años de todo esto, pero lo recuerdo como si fuera hoy. Se quedó grabado en mi corazón. Mi hermano, en aquel entonces, tenía trece años y entraba en la adolescencia.

Mi padre empezó a hemodializar tres días a la semana, cuatro horas cada día y, a su vez, entró en una lista para recibir un trasplante renal. Los primeros años de hemodiálisis fueron bastante bien, seguía trabajando. Yo recuerdo perfectamente que me ofrecí a darle un riñón, igual que algún hermano suyo, pero él nos miró a los ojos y nos dijo:

—Nunca os haría pasar por una cirugía así, yo estoy bien ahora y ya me llegará un riñón. Olvidaos de esa idea.

En 2003 terminé mi carrera de Enfermería y me ofrecieron un puesto de trabajo como enfermera en un pequeño pueblo de la región de Borgoña, en Francia. La primera persona con quien hablé fue con mi padre. Él me animó a que viviera aquella experiencia y a que me fuera, porque me dijo que él estaba bien y me juró que, si algún día me necesitaba, me lo diría. Después se lo conté a mi madre, a ella no le gustó tanto la idea, normal, ahora la entiendo, yo era un apoyo en la familia que iba a perder. En mi interior, sentí que tenía que probarlo, y hoy entiendo que necesitaba «escapar». No me siento mal por ello, ya que me fui con el beneplácito de mi padre. Mi hermano tenía ya quince años y estaba centrado en salir y disfrutar con sus amigos. Nos llevábamos bien como hermanos, pero cada uno hacíamos nuestra vida.

Pasé casi dos años y medio en Francia trabajando como enfermera y quise que ellos vinieran a visitarme. El primer año en un pueblo pequeño de la Borgoña y el segundo año en Lyon, en un hospital público en una planta de Traumatología. Para que vinieran a verme debíamos encontrar un lugar donde mi padre pudiera dializarse. El primer año él me dijo que no se veía preparado para eso ya que no hablaba francés y se sentía inseguro. Pero, como no, el amor siempre gana, y al segundo año me llamó una tarde para decirme: «Ane, búscame un lugar para dializarme que vamos a ir a verte, porque necesitamos verte en el nuevo lugar donde vives y dices ser tan feliz». Fue una experiencia inolvidable para todos.

Vinieron en coche y me contaron mil anécdotas vividas en el camino. Nunca habían salido al extranjero. Los dos dejaron huella en mi trabajo, en el centro de hemodiálisis y en todos lados, ya que eran personas extraordinarias, espontáneas, naturales, felices y maravillosas.

En esos dos años y medio, mi padre siguió en la lista de espera para un trasplante renal. En aquella época la intervención se llevaba a cabo en el hospital de Cruces, en Bilbo. Lo llamaron dos veces. En la primera llamada, yo estaba en Francia. Recuerdo que estaba haciendo la compra en un supermercado cuando mi madre llamó para contármelo. Ese día fue largo para todos, muy largo. No tuvimos suerte y el riñón que había llegado se lo trasplantaron a una chica joven. Recuerdo las palabras de mi padre cuando me lo contó.

—Ane, me alegro de que se lo hayan trasplantado a ella porque era una chica joven y lo necesitaba más que yo.

Qué generoso por su parte.

Hubo una segunda llamada, y afortunadamente coincidió con unos días en que estaba de vacaciones en casa. Nunca olvidaré ese viaje en taxi al hospital de Cruces, una hora y poco de viaje. Mi padre, mi madre, el taxista y yo. Mi hermano se quedó a cargo de nuestra abuela. No dijimos ni mu en todo el viaje. Era de noche. Días atrás mi padre había tenido algo de catarro y en algún momento le subió alguna décima. A la llegada al hospital, le hicieron las pruebas de compatibilidad y era apto. Al tomarle la temperatura como parte del protocolo preoperatorio, tenía alguna décima. Cuando trasplantan un órgano, reducen el sistema inmunológico para evitar rechazos y esa febrícula podría ser un hándicap importante, ya que esa infección de base podría propagarse rápidamente al no tener defensas. Finalmente, decidieron no trasplantarlo a él. Ese momento fue otro duro golpe para nuestra familia. Era de madrugada ya y le tocaba dializarse, por lo que tuvieron que subirlo al Servicio de Hemodiálisis del hospital. De haber podido estar en quirófano con el riñón trasplantado, acabó en Hemodiálisis. Cerca del mediodía volvíamos en el taxi para casa. Si en la ida no hablamos nada a causa de los nervios, durante la vuelta fue por el dolor, el vacío y la tristeza.

Nos costó un par de días gestionarlo. Tuve la suerte de, por lo menos, haber estado ahí. A los pocos días volví a Francia, se me habían acabado las vacaciones.

En 2005 yo me encontraba en un momento personal buenísimo, me sentía muy bien viviendo en Lyon. Mi padre me llamó una tarde y lo noté triste, apagado, no era algo común en él. Entonces me lo contó: me echaba de menos y empezaba a ser duro para él. Lloré mucho, pero no tuve ninguna duda. Hablé con mi jefa de servicio y le di la noticia: me volvía a casa. A finales de 2005 regresé. Tenía veintitrés años. No me había equivocado, mi padre estaba peor y mi madre agotada. Mi hermano tenía diecisiete años y estaba en otra liga. Para mí tampoco fue fácil, ya que el cambio fue brusco y potente. Sentía lo que iba a venir y, en cuanto llegué a casa, pensé: «Cuando mi padre fallezca, me volveré a ir». Fue un pensamiento que me acompañó durante mucho tiempo y que me llevó a activar mi sistema nervioso y ponerme en alerta. Creía que, si pensaba mucho en el momento de su muerte, cuando lo perdiera estaría preparada. Me equivoqué, y mucho. Desde entonces han pasado alrededor de dieciocho años y he sufrido los efectos de ese estado de alerta.

Al poco tiempo le dieron una incapacidad absoluta y tuvo que dejar de trabajar. La vida familiar cambió una vez más.

Mi hermano trabajaba muchas horas como camarero en un bar. Era joven y, además del trabajo, jugaba a balonmano y le gustaba salir con los amigos. Mi madre llevaba años tirando de todos y estaba agotada. Por mi parte, empecé a trabajar como enfermera en el mismo hospital donde se dializaba mi padre, que a menudo venía a verme. Allí donde iba lo adoraban, era amable y risueño. A mí se me caía la baba con él, y a él conmigo.

A los dos años más o menos, en 2008, hubo dos novedades, una buena, la otra no. Lo bueno fue que conocí al padre de mi hijo —más adelante os hablaré de él— y lo malo que mi padre tenía cáncer de próstata y había que intervenir.

A los problemas cardíacos y renales, añadíamos ahora los tumorales. El día que lo operaron, afortunadamente, estaba como anestesista una vecina nuestra que estuvo pendiente de él. Una vez que salió de quirófano, el cirujano nos comunicó que todo había salido bien y que tardaría unas horas en despertar. Podríamos visitarlo por la tarde. Nos fuimos a comer. No olvidaré nunca que, antes de haber terminado la comida, recibí una llamada. Era nuestra vecina anestesista que me llamaba para decirme que la analítica de mi padre no estaba bien del todo y tenían que subirlo a dializar. Me dijo: «Vente ya, Ane, ponte el uniforme de enfermera y espéralo en el pasillo, que va para la hemodiálisis y podrás verlo, le vendrá bien». No dudamos ni un segundo y salimos corriendo. Me cambié rápido y lo esperé en el pasillo. Cuando él pasó y me vio, la expresión de su rostro me rompió el corazón en mil pedazos. Cómo era posible que alguien tan bueno pudiera estar pasando por todo eso, era injusto. Sentí una rabia inmensa, pero me la guardé. Le di la mano y les rogué a los profesionales de hemodiálisis que me dejaran entrar con él. Como ya me conocían, me lo permitieron. Nos llevaron a una sala durante unos minutos mientras le preparaban la máquina para conectarlo. Nunca lo había visto así. Estaba abatido y sin brillo en los ojos, esos ojos azules tan maravillosos se apagaban. Lo abracé con fuerza y me dijo algo que nunca me había dicho:

—Ane, esto está siendo demasiado duro para mí.

Se me cayó el alma a los pies. Le di la mano, le transmití que yo siempre estaría ahí para él y que podríamos una vez más con eso. Me contestó con la mirada que ya no tenía fuerzas. Le aconsejé que intentara descansar. Lo conectaron a la máquina y me dijeron que tenía que salir. Lo dejé llorando por dentro, lo sé, aunque no derramó ni una lágrima. Ese posoperatorio fue muy potente también debido a que no orinaba después de tantos años en hemodiálisis y la sonda vesical que tenía puesta le daba muchos problemas. Lo cuidé como a nadie. Mi madre también, pero en esta ocasión yo asumí el rol de cuidadora principal ya que tenía conocimientos sanitarios para ello. Mi madre supo delegar.

Salimos de esa también y la vida siguió, pero cada vez el deterioro era más importante. La paz duró poco en la familia.

En 2011 vino el último y más duro golpe. Era un domingo por la mañana cuando lo llamé por teléfono para preguntarle qué tal estaba. Me dijo que no se encontraba muy bien y que le dolía un poco el pecho. Me acerqué a su casa y decidí subirlo a Urgencias. No lo vi tan mal, pero tampoco bien. Él no quería, pero yo le dije que lo íbamos a hacer. Siempre me hacía caso en estas cosas. Decidí coger el coche y le dije a mi madre que se quedara en casa con mi hermano y un amigo suyo que había venido a visitarlo. A la llegada al hospital no había sitio para aparcar en la puerta de Urgencias y él me dijo que aparcara cerca y que iríamos andando, eran 200 metros. Caminábamos hacia allí y, a 100 metros de la puerta, se me desplomó, perdió la consciencia. Grité pidiendo ayuda y justo tuvimos la suerte de que unos médicos que estaban en la puerta de Urgencias me escucharon y vinieron corriendo. Nunca olvidaré esos segundos, me quería morir. Enseguida lo reanimaron y se lo llevaron. Llamé a mi madre. Le había dado otro infarto y había sufrido un paro cardiaco. Lo llevaron a la UVI y de ahí a quirófano otra vez. Había que desobstruir las arterias coronarias. Pasamos meses complicados una vez más. Todos estábamos agotados, pero pareció darle la vuelta. Mi madre y yo lo cuidábamos y mi hermano lo ayudaba a desconectar. Hacíamos un buen equipo cuidador.

El 5 de julio de 2011 vino a visitarme a casa con mi madre, lo vi bien. A los pocos días se iba de vacaciones con ella y estaba contento. Fue la última vez que hablé con él. Al día siguiente, hacia el amanecer, recibí una terrible llamada. Cuando sonó el teléfono a esas horas, supe que el amor de mi vida se había ido. Tenía cincuenta y nueve años y le faltaba un mes para los sesenta. Fue mi hermano quien, escuchando la alarma de mi padre para ir a la diálisis, se levantó y se lo encontró en el baño. Estoy segura de que ese día mi padre se despertó, no se encontró bien y él mismo decidió que ya era suficiente para él y para su familia.

Cogí el coche y llegué a casa. Vi la ambulancia en el portal, era diferente a todas las anteriores. Subí y había vecinos en mi casa que acompañaban a mi madre y hermano. Mi padre estaba tumbado en la cama. Hace poco supe por mi hermano que fue él quien pidió a unos vecinos que lo llevaran a la cama, porque iba a llegar yo y no quería que viera lo que él había visto en el baño. Pedí a todos los presentes que no me molestaran porque tenía que despedirme de mi padre. Estuve más de media hora con él. Me senté a su lado, lo abracé, le di la mano y hablé con él, hablé muchísimo, porque sabía que me escuchaba. Le di las gracias por todo, le dije que lo quería, que lo echaría de menos muchísimo y que era el amor de mi vida. Le volví a dar las gracias. Lo abracé, lo abracé fuerte y sonreí. Recuerdo ese momento como un momento de una paz inmensa. Dejaría de verlo sufrir, pero, a su vez, ya no volvería a verlo.

Fue una gran persona, quien lo conocía lo quería. Era tranquilo, respetuoso, con una paciencia inmensa y de muy buen corazón. Era risueño y siempre intentaba mostrar su mejor versión. Se relacionaba de una manera muy sana y cercana con los demás, de ahí que tuviera buenos amigos.

En casa, la relación de mis padres fue un ejemplo de respeto y amor mutuo. Se respetaban, se acompañaban y se querían un montón. Nos educaron con esos valores.

Mi padre era de confiar mucho en las personas e intentaba resaltar siempre lo bueno de nosotros. Confiaba mucho en mí, y así me lo mostraba siempre. Cuando tenía que tomar una decisión o embarcarme en un proyecto, le consultaba, él siempre me escuchaba y después me animaba a ello porque decía que tenía plena confianza en mí. Así lo sentía y por eso me lo decía. Era muy emocional y solía ver el vaso medio lleno casi siempre. Fue un gran apoyo en mi vida.

Mi madre era más mental, pensaba más en las cosas y acababa viendo muchas ventajas, pero desventajas también. A veces veía el vaso medio lleno, otras medio vacío. Hoy la entiendo, ya que no fue nada fácil para ella y tuvo que sobrevivir. Muchas veces se habla de lo duro que es vivir una enfermedad, pero se olvida lo difícil que es eso para las personas más cercanas, los cuidadores. Hoy puedo decir que, sin ella, nuestra vida no hubiera sido así de feliz.

Aquel 2011 nuestra familia cambió y tuvimos que adaptarnos. Cada uno de nosotros lo hizo como pudo. El vacío se notó, pero también descansamos.

Mi madre sufrió mucho. Había estado tantos años pendiente y cuidando de otra persona que ahora se sentía vacía. Intentamos ayudarla, sobre todo mi hermano, ya que era quien vivía con ella.

Mi hermano también sufrió, sobre todo los últimos años, viéndolo cada vez peor, y sintió alivio. A posteriori, ver a su madre así, tampoco fue nada fácil. Intentaba ayudarla, pero a la vez necesitaba desconectar. Hubo momentos de todo, pero el vínculo entre ellos se afianzó muchísimo. Él siguió con su trabajo en el bar.

A mí me costó bastante, estaba agotada. Todo lo vivido dejó un gran peso en mi interior, un vacío inmenso y una paliza emocional tremenda. El día que mi padre falleció, cogí la baja en mi trabajo. Al mes decidí renunciar a mi contrato ya que sabía que no volvería a trabajar de enfermera. Ya había cuidado bastante. Se acabó mi labor como sanitaria. Tuve unos meses de parón, mi vida se detuvo. Llevaba años sufriendo y mi cuerpo y mente lo sabían, años en alerta con el sistema nervioso simpático activado casi constantemente. Llegué a mi límite y la vida me paró en seco. Empecé a entender de dónde venían mis crisis de ansiedad, que ya eran muy constantes. Estaba agotada y encerrada. Gracias a la mujer de mi primo, pedí ayuda médica y me puse en tratamiento farmacológico y no farmacológico. Fue duro, muy duro, mi vida estaba cambiando y ya lo estaba sintiendo.

Mi vida profesional también cambió. Cambié la enfermería asistencial por la formativa. Empecé a impartir cursos de la rama sociosanitaria donde comencé a vivir la enfermedad desde la barrera.

NUESTRA SEGUNDA FAMILIA

Como ya os avancé, en 2008 llegó una buena noticia: conocí al padre de mi hijo, Ahmadou, un chico senegalés nueve años mayor que yo. Parecía una persona tranquila y respetuosa. Enseguida empezamos a vivir juntos en Orio, un pequeño pueblo pesquero en Guipúzcoa. Al principio no le presenté a mi familia, hasta que un día mi padre me preguntó:

—Me he enterado, Ane, de que tienes novio negro, ¿es en serio? Porque, si es en serio, yo quiero conocerlo.

Y así fue. Al principio tuvieron que hacerse a la idea de que venía de otra cultura, pero enseguida pasó a formar parte de nuestra familia.

En 2012 nos casamos. La boda fue un acontecimiento bonito en la familia. Faltaba una persona muy importante, pero a su vez todos sentimos que estaba con nosotros. En 2014 me quedé embarazada. Tuve un embarazo buenísimo. El 30 de mayo ingresamos en el hospital y el 2 de junio de 2015 nació nuestro hijo, Malick. El parto fue durísimo y perdí mucha sangre. Ahmadou tenía cuarenta y dos años y yo treinta y tres. Fue una inmensa alegría, había llegado un nuevo miembro a nuestra nueva familia. A todos nos alegró mucho su llegada y a mi madre le devolvió la sonrisa. A mí la maternidad me costó. Por momentos, energéticamente me pareció agotador, pero cargaba mis pilas mirándolo y sintiendo que era increíble que algo tan pequeño hubiera salido de mí. A los cuatro meses empezó en la guardería, ya que yo retomé mi trabajo como formadora, y a los dos años en el colegio. Ahí empecé a tener algo de tiempo para mí, era septiembre de 2017, parecía que llegaba algo de calma a mi vida.

En enero de 2018 mi madre me llamó para comentarme que había tenido un desarreglo. Tenía sesenta y cinco años. Le aconsejé que fuera al ginecólogo. Ese mismo mes llegó la mala noticia. Al principio fue mi hermano quien se ocupó de acompañarla a las citas médicas, hasta que un día me llamó diciéndome que ellos ya no entendían la terminología médica. Era un melanoma vaginal muy agresivo. Nos quedamos todos en shock, ella no se lo creía porque decía que se sentía perfectamente. Iba todos los días a andar y hacía unos 10 km. Ahí empezó el siguiente golpe de nuestra vida. Tirábamos de humor a veces, otras nos quedábamos en shock, teníamos miedo a menudo y cantábamos la mayoría de veces para olvidarlo. Yo empecé a tener desarreglos también, lo consulté con mi médico y me derivó a Ginecología. Ahí empecé una etapa ginecológica personal que traería mucha cola.

En febrero mi madre fue operada. Después de ser intervenida y haber mostrado una vez más lo luchadora que era, vino la realidad a nuestras vidas. Salíamos del hospital mi hermano y yo, los dos, mano a mano, cuando le dije lo siguiente:

—Frère —así es como yo lo llamo, hermano en francés—, nos vamos a quedar solos, o sea, que podemos empezar a hacernos a la idea.

Hubo un silencio entre los dos durante unos segundos. Yo sabía que iba a ser así, mi hermano tenía sus dudas, pero sabía que lo que yo decía pasaba. En ese momento nos estaba esperando un amigo para ir a comer, así lo hicimos. Nos fuimos los tres a comer.

Los meses de marzo, abril y parte de mayo, estuvo en casa. Mi hermano la cuidó con un cariño inmenso. La ayudaba en todo lo que necesitaba. Ambos dormían en la misma habitación, en la habitación de dos camas donde compartían tantas cosas. Entre semana se ocupaba mi hermano, ya que vivían juntos, y el fin de semana intentaba cogerle el relevo para que él también pudiera desconectar un poco. La conexión entre ellos siempre fue brutal y en estos momentos más todavía, ya que hacían un muy buen binomio. Para él era complicado desconectar porque vivía con ella y para mí era complicado cuidarla porque mi hijo tenía dos años y no vivíamos en el mismo pueblo. Aun así, hicimos un buen equipo entre ambos y nos arreglábamos.

En esta época se produjo otra novedad en nuestra vida, Ahmadou y yo nos separamos. Nos queríamos muchísimo, pero faltaban cosas. Fue duro, lloramos mucho los dos, pero también sabíamos que nuestra base era buena y que lo haríamos bien en el futuro. Decidimos no mover ficha hasta que mi madre falleciera, porque sabíamos que iba a ser pronto. Un día fuimos los dos a hablar con ella y se lo contamos. Se llevó un disgusto, pero se alegró de que fuéramos juntos para darle la noticia, decía mucho de lo bien que lo estábamos haciendo. Nos hizo hincapié en que siempre tuviéramos una buena relación por el bien de nuestro hijo y le recalcó a Ahmadou que siempre tendría las puertas de su casa abiertas.

A mediados de mayo ingresamos en el hospital, a causa del dolor que padecía. Nos asignaron una habitación individual y yo supe enseguida que mi madre ya no volvía a casa. Estábamos en el Servicio de Cuidados Paliativos. Se lo dije a mi hermano, nos quedamos sin habla. Viendo lo que se avecinaba y que sería corto pero intenso, decidimos seguir cuidando de ella como merecía. Pedimos ayuda a algunos familiares y amigos y formamos un grupo maravilloso para cuidar y disfrutar de ella lo que le quedaba de vida. Esas personas la querían un montón, y mi madre a ellas. Fue un acompañamiento de mucha calidad por ambas partes; calidad de amor, cuidado y compañía. Estaremos siempre en deuda con ellos, de por vida: sus amigas de toda la vida, Mari Carmen y Maite; su amiga Belén; su cuñada Teretxu e Itziar; su sobrino Martín y su mujer Ana; su prima Ane y, como no, nosotros. Mi hermano se encargaba, todas las semanas, de cuadrar los calendarios con las disponibilidades de cada uno para poder cuidarla.

Y como siempre, contaba con compañeros y amigos de su querido coro, más de uno fue a visitarla y, como no, a cantar con ella. Formaba parte de un coro en el pueblo compuesto por alrededor de 50 personas con un ambiente sanísimo, disfrutaban muchísimo cantando.

El 6 de junio estaba yo en el hospital con mi madre cuando la médico pasó. Habló con ella y después me dijo que saliera para charlar conmigo. Me llevó a una sala y me dio la noticia que ya sabíamos: a nuestra madre le quedaban unas tres semanas de vida. Llovía muchísimo aquel día, lo recuerdo, y eran alrededor de las diez de la mañana. Me harté a llorar, qué injusta era la vida una vez más. Esa misma mañana me venía a hacer el relevo la mujer de mi primo, Ana, que es médico, ya que yo tenía clase a las once y media. La llamé angustiada y me dijo que ya estaba llegando. Llamé a mi hermano también mientras la esperaba y me dijo que venía enseguida a por mí. Y una tercera llamada, al trabajo, para contarles la noticia y comunicarles que cogía la baja, siempre recordaré también el excelente trato que me ofrecieron. Llegó Ana y se lo conté. Lo primero que le pregunté, como familiar pero sobre todo como médico, era si estábamos haciendo bien con la decisión de seguir con los cuidados paliativos y no hacer ningún tratamiento más, ya que se había intentado alguna que otra terapia, pero sin resultados. Ella me dijo que sí, que era la mejor decisión, por dura que fuera, ya que no había nada más por hacer y la enfermedad iba muy rápido. Me quedé más «tranquila». Tenía que volver a la habitación de mi madre para despedirme porque, supuestamente, me iba a trabajar, no me veía capaz de entrar. Respiré profundamente en el pasillo con ayuda de Ana y entré. Mi madre y yo nos parecíamos mucho y nos conocíamos muy bien. Me acerqué y le pregunté si quería que le contara la verdad o no, «¿qué hacemos?», dije. Ella me contestó que llorara, porque sabía que lo necesitaba, y que llorara tranquila, así lo hice. Era la primera vez que lloraba delante de ella estos meses. Fue generosa conmigo, sabía lo que había. Volví a preguntarle si quería que le dijera la verdad o no, y me contestó lo siguiente:

—Llama a la enfermera para que venga a hacerme la cama.

Entendí enseguida su respuesta. Le di un beso enorme, me sonrió y me fui. Ella pensaba que me iba a trabajar, pero mi hermano ya estaba abajo esperándome. Me subí al coche sin decir nada, no sabíamos ni dónde ir.

Mi madre sabía lo que estaba pasando y, aun así, fue muy generosa con todos nosotros. Hablaba con cada persona que la visitaba y de todas se despidió. Lo mismo con nosotros. A menudo cantábamos. Nos gustaba cantar mucho ya que era una terapia para nosotros. Cantamos de todo, pero una canción que quedará en nuestro recuerdo para siempre es la canción popular vasca «Boga boga». Una tarde-noche estaba con su amiga Maite, nosotros estábamos por allí también, que nos llamó diciéndonos que nuestra madre quería hablar con nosotros. Llegó el momento de despedirnos nosotros, nuestra familia. Primero habló ella. Nos dijo que lo habíamos intentado, pero que no había podido ser, que los tres lo habíamos hecho muy bien, y nos dio las gracias. Nos pidió, por favor, que siempre estuviéramos unidos y que, si las personas que nos habían ayudado en todo el proceso algún día necesitaban ayuda, se la diéramos, como ellas nos la habían brindado. Lo más duro para ella era dejarnos solos, porque todavía éramos muy jóvenes. Mi hermano tenía veintinueve años y yo treinta y seis. Sobraron más palabras, todo estaba dicho. Nos dijimos que nos queríamos mucho y la tranquilizamos asegurándole que haríamos las cosas bien. Hay que vivirlo para saber lo que es, pero, entre todas las emociones de esos momentos, hubo un momento de paz, unido a una tristeza inexplicable.

La única persona de la que fue incapaz de despedirse fue su nieto, Malick, porque ella sabía que se iba a perder todo lo que venía de él y se le caería el alma a los pies. Sabía que no tenía la fuerza para despedirse de él. Malick tenía tres años recién cumplidos el 2 de junio, y el último regalo de su abuela fue la camiseta de la Real Sociedad. Mi madre era fan del equipo txuri-urdin y socia de Anoeta en aquel entonces, plaza que después cogerían Ahmadou y Malick.

A los dos días más o menos, si no recuerdo mal, decidimos sedarla porque aquella mujer ya no era nuestra madre y entendimos que ya nunca podría ser aquella mujer tan maravillosa y que no se merecía estar con tanto dolor. No nos separamos de ella hasta que el 18 de junio por la tarde-noche falleció. Cuando murió sentí un vacío inexplicable, pero sentí mucha paz también. Le hicimos un funeral precioso, vaya despedida. La iglesia estaba repleta de gente. Mi hermano le leyó unas palabras preciosas. El coro que tanto la quería le cantó una canción que nos acompañó durante esos meses, como no, «Boga boga». Fue impresionante y recuerdo los pelos de punta. Ella se lo merecía.

La familia volvió a cambiar.

NUESTRA TERCERA FAMILIA

Mi hermano no quería vivir más en casa de nuestra madre porque le traía demasiados recuerdos y yo decidí mudarme allí con mi hijo. Al principio fue duro, pero entré como un elefante en una cacharrería y retiré cuadros y otros objetos, necesitaba hacer mía esa casa donde habíamos vivido los cuatro. El día que empecé a vaciarla bajó mi querido vecino Antonio y, asustado, me comentó que cómo tiraba todo aquello. La respuesta era fácil: no necesitaba tener esos recuerdos materiales ya que sabía perfectamente dónde estaba, y debía hacer esos cambios para poder vivir en ella. Él lo entendió y siempre ha estado ahí para lo que he necesitado. Es como mi segundo padre, nos queremos un montón.

Así fue transcurriendo el primer año, entre reformas y mi nueva vida con mi hijo estando separada, no fue fácil. A todos nos cambió mucho la vida. Mi hermano se fue a vivir con un amigo y yo me quedé viviendo con mi hijo en la casa de toda la vida. El padre de mi hijo se trasladó también de la casa donde vivíamos juntos.

La temporada 2018-2019 fue muy intensa. La relación con el padre de mi hijo era buena. Siempre tuvimos claro que así iba a ser, y así es y será, e hicimos todo lo posible los dos. Sabíamos que era importante que ese año la base de nuestra nueva relación fuera la adecuada. Ahora nuestra familia estaba formada por mi hermano Xabier, Ahmadou, Malick y yo.

El sentimiento de orfandad empezó a asomar, la resaca de todo lo emocional vivido había pasado factura, pero en ese momento no quería verlo. Sin darme cuenta ni yo misma, intenté parchearlo. Además, tenía a mi hijo, y a sus tres años tampoco estaba siendo fácil para él, muchos cambios y un entorno familiar agotado y cansado. Fueron años de supervivencia, la verdad, pero a la vez de una unión familiar muy bonita.

Hoy el concepto familia me vuelve a producir paz, aun habiendo cambiado varias veces ya.

ME TOCA

En 2009-2010 sufrí mi primer ataque de ansiedad, casi me muero, qué era aquello... Nunca había vivido las sensaciones de aquel día cuando iba conduciendo hacia el trabajo por la autopista desde Orio hasta Donostia. En los meses inmediatamente posteriores me dieron varios ataques más, en ocasiones incluso acabé en Urgencias del hospital. Me empezaron a hablar de la palabra «ansiedad».

En 2011, tras la muerte de mi padre, vino el primer brote potente, seguramente mi interior estaba roto por su ausencia, pero en vez de conectar con la emoción de la tristeza conecté con la del miedo. Mi prima Ana me aconsejó qué camino seguir. Había probado todo tipo de terapias alternativas, pero yo no mejoraba. Mis miedos iban en aumento. Empecé con una terapia farmacológica y no farmacológica y conseguí mejorar. En esta etapa, Ahmadou y mi amiga Alaitz me ayudaron un montón.

En 2015 fui madre y el estrés de la novedad también me pasó factura.

En 2018 llegó la enfermedad de mi madre, otro batacazo. En esa época empecé a sufrir desarreglos. Siempre fui de tener reglas regulares y sin muchos problemas. Lo consulté con mi médico y me derivó a Ginecología. Inicialmente me dijeron que era un quiste al que no dieron importancia y que volviera a revisarlo en unos meses. Desde entonces mis vueltas a Ginecología no han cesado. Los manchados fueron en aumento y los dolores también, hasta que me diagnosticaron un hidrosalpinx bilateral (afectación de las trompas de Falopio) derivado de una endometriosis. El diagnóstico llegó en 2022 después de muchas ecografías y pruebas. Fue difícil aceptar que debía convivir con eso. Los dolores eran terribles, había veces que en un minuto me tenía que tumbar porque ya no me podía mantener de pie. En marzo de 2023 me operaron y extirparon las trompas de Falopio. Estuve ingresada en la misma planta donde lo estuvo mi madre años atrás. Nuestras patologías no tenían nada que ver, pero la parte emocional del lugar y la situación estaban ahí. Pensaba que sería muy duro para mí vivir aquello, pero no lo fue tanto y supe hacerlo muy bien. Estuve muy bien acompañada de las personas que me quieren, que son muchas. Me ayudaron muchísimo. En quirófano me tomaron muestras y se confirmó el diagnóstico de endometriosis, tenía varios endometriomas (tumores benignos) en varias partes del aparato ginecológico. Debía seguir sí o sí un tratamiento hormonal para que la enfermedad no avanzara tan rápido y para mejorar los síntomas de manchados y dolor.

Los primeros meses fueron genial y mis síntomas mejoraron considerablemente. Dejé de manchar, pero también se me fue la regla. Me dijeron que era normal.

Paralelamente acudí a un terapeuta Gestalt llamado Oskar Chans. Fue una suerte haberlo conocido. Me ayudó a entender la importancia de aceptar y de «parar» para mirar adentro. A veces lo hacía, pero otras veces no. Llevaba años luchando con la vida y estaba sin energía ya. Los primeros días de consulta me preguntó qué me gustaba hacer. La pregunta fue terrible para mí, porque me di cuenta de que ni yo misma sabía lo que me gustaba hacer. Me llevé aquel interrogante a casa y, después de recapacitar conmigo misma, hice una lista. En ella, lo primero que apunté fue escribir un libro. Recuerdo que Oskar me dijo que por qué no, pero yo lo veía muy difícil. Hoy estoy aquí y, en parte, gracias a su ayuda.

En verano de 2023 el desajuste hormonal empezó a pasarme factura a nivel emocional. Y una vez más, yo, sin querer verlo, lo intenté parchear, pero ya no pude. Los dolores habían mejorado, pero se me había ido la menstruación y energéticamente estaba muy agotada. Mi cuerpo y mente ya no podían más. Fue la segunda gran crisis de mi vida. Una vez más pedí ayuda. Me costó muchísimo tomar la decisión, pero las personas que me querían me animaron a ello, entre ellas Mely, mi chica, y especialmente mi hermano. Mely me acompañó muchísimo en esta etapa y le estaré siempre agradecida. Mi hermano me obligó a trasladarme a su casa durante unos días y habló con su jefe de mi situación. Su apoyo y el de su chica Uxue, fue incondicional y un motor necesario para mí, me salvaron. Mi hermano me ayudó como nadie y sé que no fue fácil para él, ya que en esa época no era fácil estar conmigo, sufría de ataques de ansiedad y pánico. Me asusté, y mucho. Nunca había vivido aquellas sensaciones. Ya era hora de parar, parar de verdad, y aprender a mirarme y cuidarme a mí misma. Mi amiga Aloña también me ayudó mucho en este proceso de parar y mirarme, así como mis compañeros de trabajo, Iban y Vicky. Él desde ese cariño con el cual siempre me trata, cercano y de apoyo, con él me siento en confianza de mostrarme; ella desde la empatía de comprenderme a la perfección y echarme un capote. En los meses posteriores, empecé este trabajo de introspección. Demasiados años en alerta. Demasiados cambios sin haberme adaptado a ellos. Demasiado tiempo sin haberme parado conmigo misma. Demasiado tiempo parcheando y fijándome en los demás por no mirarme a mí misma.

No he querido parar porque sabía que, si paraba, me encontraría con esos vacíos tan grandes que mi vida había ido dejando. Pensaba que parcheándolos ya no estaban, pero ahora puedo decir que, si no los ves y los intentas tapar, como yo hice durante tantos años, se hacen cada vez más grandes. Toca meterles mano. Las personas de mi entorno me ayudaron mucho. Recuerdo ese sábado que pasé con mi amiga Nuria. Me permitió mostrarme como yo estaba, que suerte la mía de tener amig@s así. Mi primo Martín y su mujer Ana, tras varias conversaciones sobre cómo me encontraba, me aconsejaron que debía tratarme sí o sí. Me puse en tratamiento farmacológico y no farmacológico otra vez. Empecé con una terapia cognitivo-conductual con una psicóloga llamada Rocío Polo, donde iba semanalmente. Si algo me ha enseñado ella es la importancia de la palabra percepción. A las personas que sufrimos de ansiedad, nos suele fallar la percepción y detectamos peligros donde no los hay, muchas veces se debe a haber tenido durante años el sistema nervioso simpático activado y preparado para huir o luchar. El tratamiento farmacológico me ayuda a ralentizar un poco ese sistema nervioso simpático.

En septiembre llegó a nuestra familia un nuevo miembro, una perra de raza pomerania color canela llamada Valeria, apenas tenía dos meses. Nunca había tenido perro, es más, nunca me gustaron. Sentí que en ese momento de la vida, con ataques de pánico y miedo a estar sola, me ayudaría un montón. No me equivoqué. Fue ella quien me sacó la primera sonrisa después de algunos meses. Ella y mi hijo Malick han sido y son mis mejores terapeutas.

Previo a Navidades de 2023, mi hijo me preguntó qué iba a pedirle al Olentzero (Papá Noel en el País Vasco). Lo tuve claro y le escribí la carta: pedía amor propio. Ya era hora de darme cuenta de que había llegado mi momento personal conmigo misma y de aprender a mirarme para dentro y aceptar lo que estaba sintiendo. Fue todo un descubrimiento para mí, ya que «mi caja de pandora», como yo la llamo, se abrió de golpe, y ahí había de todo. Los parches ya no valían. No ha sido fácil, y a veces todavía me cuesta, pero ahí voy, en proceso, y ahora sí, no lo voy a abandonar. ¿Por qué? Porque es mi momento.

HOY, AQUÍ Y AHORA

Con las experiencias que he ido viviendo, hoy he vuelto al abanico de colores. Me ha costado mucho, pero puedo decir que lo estoy consiguiendo. Todavía tengo un largo recorrido en la vida, pero ahora ya no paro. Si algo me han ayudado a ver las terapias, las experiencias y el compartir con la gente estas vivencias ha sido la importancia de la palabra «aceptar». No sólo lo que nos gusta, sino también lo que no nos gusta de nosotros y nosotras mism@s.

Llevaba años enfadada con la vida por haberme arrebatado a personas tan importantes para mí, no quería aceptarlo. Durante años recordé lo duro, la enfermedad, olvidando lo bonito, y ahora he vuelto a retomarlo. Acepté que estaba enfadada y que tenía miedo a la enfermedad debido a lo que me había tocado vivir, era normal, era la consecuencia de las experiencias relacionadas con problemas de salud. Aceptarlo me ayudó a relajarme y a ver también lo bueno. Viví la enfermedad y tuve que luchar, pero también viví el amor y me hizo ser lo que hoy soy. Por eso puedo decir que hoy soy lo que soy gracias a todo lo vivido.

Estoy trabajando la responsabilidad, habilidad de responder. Por ello yo soy la responsable de mi vida y soy yo quien debo ocuparme de mí, para eso, debo mirarme y en eso estoy.

POR NOSOTROS

Este libro va, primeramente, por mí misma, por haberme permitido sacar de mi interior mi historia y escribirla. Con ella voy a cerrar esta etapa de mi vida.

En segundo lugar, y no menos importante, por vosotros, mi aita y mi ama, por haber tenido la suerte de haber nacido y vivido en una familia donde los principales valores han sido el amor y la bondad. Vosotros nos enseñasteis su importancia.

A ti, aita, gracias por haberme querido tanto y tan bien. Te echo de menos a menudo, pero te sigo queriendo igual que siempre. Que sepas que estás conmigo, y sé que yo contigo.

A ti, ama, gracias por habernos sacado adelante con esa garra que te ha caracterizado. A menudo pienso en lo que me dirías en ciertos momentos de la vida y lo llevo a cabo.

Hoy puedo decir que somos afortunados en nuestra vida por haberos tenido y teneros. En parte, este libro es un homenaje a los dos.

Gracias a este libro, cierro esta etapa de mi vida, porque ahora me toca vivir en el presente, donde la persona que me toca cuidar es a mí misma.

Continuará…

AGRADECIMIENTOS

Alaitz: Mi querida amiga de toda la vida, tan antagónica a mí y a la vez tan querida. Donde yo voy, tú vienes; donde yo hago, tú estás; donde yo hablo, tú escuchas, por todo eso, te quiero tanto. Mil momentos para agradecerte, los buenos siempre, pero los malos inolvidables. Nunca pensé que me haría un tatuaje con alguien en común en vida, pero contigo sí lo hice. Ahí nos queda para siempre. Qué suerte tenernos.

Aloña: Mi querida amiga que me ha ayudado a parar y verme. Por esas conversaciones eternas donde hablábamos el mismo idioma, ejemplo de cómo se puede hacer para que una persona se encuentre en el buen camino.

Mely: Por quererme y cuidarme como nadie y de corazón. Por haber estado en mis peores momentos y haberme acompañado súper bien, sobre todo en el inolvidable verano de 2023, has sido un apoyo incondicional. Por todo eso, mil, mil gracias de corazón, estaré siempre agradecida.

Nuria: Por la relación de toda la vida que, aunque no nos veamos a menudo, siempre que coincidimos nos sentimos muy bien. Gracias por rescatarme ese sábado de septiembre de 2023 cuando entendiste lo que yo vivía en aquel entonces ya que dos años atrás lo habías vivido tú. Me permitiste ser, aunque estuviera en mi peor versión.

Antonio: Por ser el mejor vecino que una persona puede tener. Por un amor incondicional y al que me encanta decirle que le quiero, y él a mí. Eres mi segundo padre. Qué orgullosos están mis padres de ti, de ver lo bien que me tratas siempre. Te quiero mucho y, como siempre te digo: «Vales oro».

Martín: Por ser una de las personas que me han entendido, con quien he podido estar meses sin hablar, pero cuando hemos conversado nos hemos pasado más de una hora al teléfono. Gracias por aquel mediodía en el parque cerca de mi casa donde fuiste capaz de acompañarme en otro mal momento de mi vida y me enseñaste la importancia del número 5.

Oskar Chans, terapeuta Gestalt: Por haber sido mi terapeuta durante un largo periodo de mi vida en el que me ayudaste a trabajar la palabra «aceptar»: aceptarnos en nuestra mejor y peor versión. Me alegro tanto de haberte conocido que tenerte ha sido una suerte en mi vida.

Rocío Polo, psicóloga: Por haberme enseñado la palabra «percepción», que tantos beneficios me ha aportado. Gracias a las terapias contigo, aprendo la importancia de detectar que la percepción me estaba jugando una muy mala pasada en los últimos años, ayudándome a abrir los ojos para darme cuenta de que «no hay leones». Nunca olvidaré el día en la consulta cuando me preguntaste sobre los síntomas de ansiedad que sufría. Me diste un listado de doce y yo tenía once de ellos. Entré en pánico y tú, en cambio, me felicitaste por tener un sistema nervioso tan bueno y me dijiste que gracias a personas como yo la humanidad había sobrevivido. Me abriste los ojos haciéndome entender muchas cosas sobre la ansiedad y sus mecanismos. SEGUIMOS.

Iban Prieto: Por ser un excelente compañero de trabajo. Por nuestras conversaciones en los descansos laborales que tanto me aportan y haber sido la primera persona con quien compartí esta historia.

Xabier, grand frère: A ti, mi querido grand frère, la persona que mejor me entiende. La persona que, junto a mí, forma parte directa de *Bienvenidos a nuestra familia.* Cuando éramos jóvenes, cada uno teníamos nuestra vida, pero las experiencias vividas nos han unido de una manera tan especial que hoy puedo decir que tengo muchísima suerte de tenerte. Tú te quedaste huérfano con veintinueve años, a nueve días de cumplir treinta, y yo con treinta y seis. Demasiado jóvenes, pero en todo lo bueno hay algo malo y en todo lo malo algo bueno. Ejemplo de ello es lo que somos hoy, un ejemplo de unión y apoyo mutuo. Siempre que te he necesitado, ahí has estado. Nunca podré olvidar los meses de septiembre y octubre de 2023, cuando me salvaste de una buena. Nadie podría haberlo hecho mejor. Me mostraste que, aun siendo el hermano pequeño, eres grande, muy grande.

Ahmadou: Por la suerte que he tenido conociéndote y teniéndote en mi vida para siempre. Una persona tranquila, respetuosa y con un saber estar de matrícula de honor. Eres un padre ejemplar, una persona con unos valores maravillosos. Sí, Bamba, estas palabras son para ti, sabes que te quiero un montón.

Malick: A mi mejor terapeuta, sin duda, y la persona más especial. Siendo tan pequeño, eres tan grande y sabio. Con tres años, estando en la cama los dos, te conté que había muerto tu abuela y te dije que estaría en el cielo. Tú me escuchabas atentamente. En un momento yo me emocioné y empecé a llorar. Te dije si querías preguntarme algo y me dijiste lo siguiente: «Amatxo, vamos a dormir».

Con siete años, un día que yo estaba llorando recordando algo triste, me dijiste que no recordara cosas tristes porque me ponía a llorar y eso no era bueno para mí.

Tu inteligencia me ha asombrado Malick.

Gracias a ti, mi joyita, muchos días me he levantado de la cama cuando por mí no lo hubiera hecho. Contigo tengo el pacto de ponernos la nariz roja de payaso cuando estamos enfadados para conseguir reírnos y relajarnos, un par de veces me lo has hecho.

A mí: Por haber sido capaz de escucharme, respetarme, empezar a aceptarme y quererme. Por ser una luchadora y buena persona. Estoy en proceso y sigo en proceso porque, ahora, ME TOCA.